Le petit livre
des
BLAGUES
et RÉBUS

LAROUSSE

ILLUSTRATIONS

Margaux Bouvier : pp. 5, 7, 10, 13, 16, 17, 25, 28, 30, 34, 35, 39, 42, 45, 52, 53, 56, 59, 62, 64, 65, 72, 75, 78, 82, 83, 89, 91, 94, 100, 101, 104, 107, 111, 112, 113, 122, 123, 125, 130, 131, 136, 138, 142, 148, 149, 152, 157, 159, 160, 161, 167, 170, 172, 178, 179, 183, 187, 190.

Alain Boyer : pp. 1, 3, 6, 22, 38, 54, 70, 86, 102, 118, 134, 150, 166, 182, coins de pages et couverture.

René Cannella : pp. 2, 9, 12, 15, 20, 21, 23, 26, 29, 32, 33, 40, 43, 47, 50, 51, 57, 61, 63, 68, 69, 73, 76, 79, 80, 81, 87, 90, 92, 98, 99, 103, 106, 109, 116, 117, 121, 126, 127, 128, 129, 137, 140, 143, 146, 147, 151, 154, 156, 164, 165, 168, 171, 174, 176, 177, 184, 185, 188, 192.

Marie Ligier de Laprade : pp. 4, 8, 11, 14, 18, 19, 24, 27, 31, 36, 37, 41, 44, 46, 48, 49, 55, 58, 60, 66, 67, 71, 74, 77, 84, 85, 88, 93, 95, 96, 97, 105, 108, 110, 114, 115, 119, 120, 124, 132, 133, 135, 139, 141, 144, 145, 153, 155, 158, 162, 163, 169, 173, 175, 180, 181, 186, 189, 191.

Direction de la publication : Isabelle Jeuge-Maynart
Direction éditoriale : Séverine Charbonnel-Bojman
Édition : Magali Marquet
Responsable artistique : Laurent Carré
Mise en page : Les PAOistes
Lecture-correction : Sylvie Porté
Fabrication : Martine Toudert
Photogravure : Irilys

©Larousse 2012
21, rue du Montparnasse - 75006 Paris

ISBN : 978-2-03-587590-7
Conforme à la loi n° 49 956 du 16 juillet 1949 sur les publications destinées à la jeunesse.

Le petit livre des BLAGUES et RÉBUS

Éric Berger, Célia Gallais, Pascal Guichard,
Michèle Lecreux et Clémence Roux de Luze

LAROUSSE

Sommaire

Vive l'école !

*Il était une fois une école où les meilleurs élèves
étaient installés au rez-de-chaussée,
les élèves moyens au 1ᵉʳ étage,
les élèves en difficulté au 2ᵉ étage
et le directeur… au dernier !*

Vive la rentrée !

« Allez mon grand, debout, c'est la rentrée des classes.

– Non, je ne veux pas y aller ! Ils ne sont pas gentils avec moi, ils ne me font que des misères !

– Allons, allons, c'est toi l'instituteur, quand même. »

Réflexion intérieure

Le maître vérifie le cahier d'un élève. Il s'étonne :

« C'est quoi cette page blanche ?

– C'est une page de calcul mental, monsieur ! »

Oh ! la gourmande !

La maîtresse interroge Mathilde :

« Pourquoi dit-on "aussi rapide que l'éclair" ?

– Parce que rien ne s'avale aussi vite qu'un éclair au chocolat ! »

Piqué au jeu

Deux professeurs discutent :

« Qu'est-ce qu'il devient Luc ? Tu sais, celui qui était si bon aux dames ?

– Je crois qu'il est devenu pion dans un collège. »

Ambitieuse

La petite Zoé dit à sa maman :

« Plus tard, je serai professeur comme ma maîtresse !

– C'est bien, mais je crois qu'il te reste encore bien des choses à apprendre.

– Oh, moi je pense qu'elle ne connaît pas tant de choses que ça ma maîtresse : elle nous pose sans arrêt des questions ! »

Homonymes

Le maître interroge Clara :

« Quand un poème n'est pas en vers, en quoi est-il ?

– En plastique ! »

9

Bien répondu

Alfred rentre à la maison avec un carnet de notes rempli de zéros. Son père se met en colère :

« Quand Napoléon avait ton âge,
il était premier de sa classe !

– Oui, papa, mais quand il avait le tien,
il était déjà empereur ! »

Tac au tac

La maîtresse demande
à Audrey :

« Où achète-t-on des livres ?

– Chez le livreur ! »

C'est logique !

L'instituteur s'étonne :

« Voyons, Louis, ta rédaction sur le chien ressemble mot pour mot à celle de ta sœur !

– C'est normal, monsieur, nous avons le même chien ! »

Égoïste

La maîtresse donne une leçon de mathématiques. Elle interroge Justine :

« Combien font 4 – 2 ?

– Je ne sais pas, madame !

– Imagine que tu as quatre bonbons et que tu en offres deux à Pierre. Combien t'en reste-t-il ?

– Toujours quatre : moi, je ne partage pas mes bonbons ! »

Quel est le jour le plus savant ?

Le 7 août (le sait tout).

Quelle est la différence entre un dentiste et un professeur ?

Le dentiste nous dit de l'ouvrir, alors que le professeur nous dit de la fermer.

Pourquoi les cahiers de mathématiques sont-ils si tristes ?

Parce qu'ils ont plein de problèmes.

Quelle est la différence entre un réveille-matin et un instructeur ?

Le réveille-matin a son tic-tac, alors que l'instructeur a sa tactique.

Calendrier

La maîtresse interroge Charles :

« Récite-moi le verbe "dire" au présent. »

Voyant qu'il ne trouve pas, la maîtresse l'aide un peu :

« Je dis… »

Charles, alors soulagé, répond :

« Vendredi, samedi, dimanche ! »

Le farceur !

« Toto, construis-moi une phrase avec une épithète.

– Aujourd'hui, j'ai mangé des pâtes épithète demain, ce sera du riz ! »

13

L'examen

Sébastien et Nicolas sortent
de leur contrôle de physique :

« Comment as-tu trouvé les questions ?

– Les questions ? Aucun problème !
C'est avec les réponses que j'ai eu plus
de difficultés ! »

Pertinent ?

La maîtresse demande
au petit Mathieu :

« Comment écrit-on
"bébé" au pluriel ?

– J.U.M.E.A.U.X. »

Gonflée !

Anaïs est en retard. En montant dans sa classe, elle croise le directeur de l'école :

« Vous êtes en retard, mademoiselle ?

– Oui, répond Anaïs, vous aussi ? »

Coup de chance

Le professeur de français interroge Sibylle :

« Cite-moi deux pronoms.

– Qui ? Moi ?

– Bravo, c'est très bien ! »

Rébus

Pour résoudre les rébus qui jalonnent cet ouvrage, voici quelques indications dont tu auras besoin :

• Chaque rébus est introduit par une phrase ou une question.

• Certains rébus contiennent des lettres qui servent de liaison :

- s'il y a une apostrophe entre la lettre et le dessin, cette lettre doit être lue en la liant avec la prononciation du dessin auquel elle est rattachée.

- s'il n'y a pas d'apostrophe, elle doit être lue séparément (elle doit être épelée).

Pour bien comprendre, voici un exemple :

Connais-tu cette chanson traditionnelle ?

Cadet Rousselle a trois maisons (K, dé, roue, selle, A, t'roi, mai, zon).

Et maintenant, à toi de jouer !

Je suis un petit animal sans pattes qui rampe dans les jardins. Qui suis-je ?

Un ver de terre (1, verre, deux Terres).

Dans ce conte, le terrible personnage principal fait disparaître ses femmes les unes après les autres…

 BE

Barbe-Bleue (barre, « be » bleu).

Rébus

Quel conseil avisé pourrais-tu donner à des touristes distraits ?

Quand on part en vacances, on prend un maillot de bain (camp, thon, part, an, vak'anse, on, p'rang, Hun, maille, eau, 2, bain).

Voici le message laissé par le pirate Barberousse
à ses complices :

Mon trésor est enfoui au pied des palmiers (mont, 13, or, haie, taon, fou, i, eau, pis, haie, dé, palme, i, haie).

Pour certains savants, un astéroïde géant se serait écrasé sur la Terre il y a des millions d'années, ce qui aurait eu pour conséquence :

Les dinosaures ont disparu (lait, dix « no », z'or, on, dix « paru »).

Il était une fois un petit garçon très malin qui avait eu une brillante idée pour ne pas se perdre…

Le Petit Poucet semait des cailloux dans la forêt (l'œufs, petit, pou, s'haie, s'œufs, mai, dé, k'ail, houx, dent, la, faux, raie).

Dans la savane

Il existe des hyènes rieuses, des mouettes rieuses, mais tu vas voir que beaucoup d'autres animaux sont capables de nous faire rire…

La vie en... rose

Le maître demande à Barbara :

« Cite-moi trois animaux de couleur rose.

– Le cochon, le flamant et le rhinocéros.

– Mais pourquoi le rhinocéros ?

– Parce que le rhino… c'est rose ! »

Slurp !

Deux tigres discutent :

« Alors, c'était comment chez le vétérinaire ?

– Délicieux ! »

Sprint final

Deux touristes se promènent dans la savane. Soudain, ils aperçoivent un guépard en quête de nourriture. L'un deux ouvre son sac et sort une paire de baskets :

« Tu es fou, dit l'autre, tu ne crois quand même pas que tu vas courir plus vite que lui ?

– Non, mais je voudrais être certain de courir plus vite que toi ! »

Cachée

Suite à un échange d'animaux, deux directeurs de zoo se téléphonent :

« Allô ? J'ai bien reçu le kangourou, mais je ne trouve pas la girafe.

– Tu as regardé dans la poche ? »

Une nouvelle espèce ?

Trois chasseurs racontent leur journée :

« Moi, j'ai tué deux lions et une gazelle.

– Moi, j'ai abattu un guépard.

– Et moi, j'ai chassé deux zèbres, un gnou et deux panous-panous.

– C'est quoi un "panou-panou" ?

– Je ne sais pas… Ils sortent des hautes herbes et ils crient "Pas nous, pas nous !"… »

Quelle culture !

Le maître d'école interroge Colombe :

Gni !!

« Peux-tu nous parler du lion ?

– Le lion est un animal dont la chair est utilisée en charcuterie pour faire le saucisson de Lyon. »

Qu'est-ce qu'un hippopotame
qui fait du camping ?

Un hippocampe.

Pourquoi un chasseur prend-il
son fusil pour aller aux toilettes ?

Pour tirer la chasse d'eau.

Que dit un kangourou lorsqu'il a réussi
à conclure une affaire ?

C'est dans la poche !

Comment s'appelle le fils du perroquet ?

Le filsroquet.

Quel animal en fait quatre ?

Le serpent python (cerf - paon - pie - thon).

En poche !

Deux mamans kangourous discutent
près d'un bac à sable :

« J'espère qu'il ne va pas pleuvoir aujourd'hui.

– Pourquoi ?

– Je n'aime pas quand le petit joue à l'intérieur ! »

À grande échelle

Deux gorilles se rencontrent :

« Tu as vu ?
Un chasseur
m'a troué l'oreille
avec son fusil.

– Ah bon ?
Je croyais que
tu étais un ancien
porte-clés ! »

Hip Hippo Hippopo

Un groupe de touristes fait un safari en Afrique. Un homme se met à bégayer : « Hip, hip, hip ! » Les autres répondent : « Hourra ! » Et un hippopotame se précipite sur eux…

Courage !

Deux explorateurs avancent dans la savane et se retrouvent nez à nez avec un lion :

« Reste calme ! Tu te souviens de ce que dit le manuel ? Si on regarde le lion bien droit dans les yeux, il fait demi-tour et s'enfuit.

– Oui, nous on a lu le livre, mais tu crois que le lion a le même ? »

Indigestion

Un gorille se roule par terre devant un autre :

« Aaaah, j'ai très mal au ventre.

– Tu as mangé une banane pourrie ?

– Non, juste quelques abricots.

– Tu as peut-être avalé les noyaux ?

– Je ne sais pas. En tout cas, j'ai avalé la boîte.
Je ne trouvais pas l'ouvre-boîte… »

Fausse frayeur

Deux amis discutent dans la cour de récréation :

« Tu ne devineras jamais ce qui m'est arrivé…

– Qu'est-ce qui s'est passé ?

– La peur de ma vie ! Je me suis retrouvé face à un lion. J'étais seul et sans fusil !

– Qu'est-ce que tu as fait ?

– Je l'ai regardé droit dans les yeux, mais il s'est lentement approché. Je me suis écarté, mais il s'est encore rapproché… Je devais rapidement prendre une décision.

– Comment t'es-tu enfui ?

– Je lui ai juste tourné le dos, et je suis passé à une autre cage… »

Pourquoi les gorilles ont-ils de grosses narines ?

Parce qu'ils ont de gros doigts.

Pourquoi les éléphants se déplacent-ils en troupeau ?

Parce que celui du milieu est le seul qui possède une radio.

Pourquoi les rhinocéros se déplacent-ils en troupeau ?

Pour faire croire aux éléphants qu'ils ont, eux aussi, une radio.

Quelle différence y a-t-il entre une panthère et de la viande rôtie ?

La panthère est cruelle, alors que la viande rôtie n'est pas crue, elle.

Quel conseil diététique les mamans abeilles
donnent-elles à leurs bébés ?

Il faut du miel pour le petit déjeuner (île, faux, du, mi, aile, pou'r, l'œufs, petit dé, jeux, nez).

Celui qui a lu ce livre avant toi et qui a laissé ce message n'était pas très malin ! Pourquoi ?

Je n'ai pas trouvé la réponse aux rébus (jeux, nez, pas, trou, V, la, ré, pont, seau, raie, bus).

Voici les premiers mots d'un conte de fées assez effrayant...

Dans la forêt magique se cachent des bêtes sauvages (dent, la, faux, raie, mât, j, queue, s'œufs, k'hache, dé, bêêê, t'œufs, seau, va, jeu).

Est-ce un grand voyageur ou un vantard qui a écrit cette phrase au dos d'une carte postale ?

J'ai parcouru l'Espagne et l'Italie (g, part, cou, rue, laisse, pas'gne, haie, lit, tas, lit).

Rébus

Quand vient le mois de septembre, qu'écris-tu
sur ta liste de courses ?

À la rentrée, j'achèterai un nouveau cartable et des feutres neufs
(A, lard, entrée, j'hache, haie, t'œufs, raie, 1, n'houx, veau, car, table,
haie, dé, feu'tre, 9).

Le jour de la fête des citrouilles, on peut voir beaucoup d'enfants revêtir un habit de fantôme ou de vampire. Et toi, en quoi voudrais-tu être ?

Pour Halloween, je me déguiserai en pirate (poux, rat, l'eau, houx, i, nœud, jeu, meuh, dé, gui, z'œufs, raie, an, pi, rat, t'œufs).

À L'EAU !

Prépare-toi à en apprendre de belles
sur ces petites bêtes de l'eau et tous ceux
qui y piquent une tête…

QUELLE PUISSANCE !

Un pêcheur explique à un vacancier :

« Hier, il y a eu une tempête et le port a souffert.
Des bateaux ont coulé et la jetée a été détruite
par un raz de marée !

– Jamais je n'aurais cru qu'un rat puisse
faire tant de dégâts ! »

LUNATIQUE

Pierre cherche Guillaume partout.
Il l'aperçoit enfin dans une piscine sans eau :

« Que fais-tu là ? La piscine est vide !

– Mais non, elle n'est pas vide,
je suis dedans… »

BONNE PÊCHE ?

Deux pêcheurs discutent :

« Pourquoi as-tu accroché
une souris morte au bout
de ton hameçon ?

– C'est pour attraper
des poissons-chats. »

HELP TOI-MÊME !

Alice se promène au bord d'un lac,
quand elle entend soudain quelqu'un hurler dans
l'eau et se débattre :

« Help, help !

– Vous auriez dû apprendre à nager,
au lieu d'apprendre l'anglais ! »

À L'EAU !

Pourquoi le requin-marteau s'ennuie-t-il ?

Parce qu'il n'y a pas de requins clous.

Quel est le comble pour un chauve ?

C'est de pêcher une raie.

Pourquoi faut-il se méfier des sirènes au volant ?

Parce qu'elles font des queues de poisson.

Quel est le comble pour un poisson qui n'a pas faim ?

C'est d'avoir l'eau à la bouche.

Pourquoi le crabe ne va-t-il jamais en prison ?

Parce qu'il ne se fait jamais pincer.

LA FEMME N'EST PAS UN HOMME COMME LES AUTRES

Kevin regarde un documentaire animalier à la télévision avec son père :

« Pourquoi le requin n'a-t-il pas mangé la femme qui est tombée du bateau ?

– Parce que c'est un mangeur d'hommes. »

PISCINE À SEC

Marie se baigne dans la piscine quand il se met soudain à pleuvoir. Sa maman l'appelle et lui dit :

« Dépêche-toi de rentrer, sinon tu vas être toute mouillée ! »

À L'EAU ?

Un poisson téléphone
à un autre poisson :

« Allô ?

– Ben oui, à l'eau ! Où veux-tu que je sois ? »

PAS DISCRET !

Dans une piscine municipale, le maître-nageur
interpelle un monsieur :

« Pourriez-vous arrêter de faire pipi dans
le bassin. Je vous demande de sortir de l'eau.

– Mais je ne suis pas le seul à le faire, se défend
le nageur !

– Non, mais vous êtes le seul à le faire du haut
du plongeoir ! »

CONFUSION

Joséphine et Céleste sortent de la piscine et vont prendre leur douche. Céleste demande son shampoing à Joséphine. Elle lit l'étiquette et s'exclame :

« Tu es bête, c'est du shampoing pour cheveux secs et les miens sont mouillés ! »

ON GÈLE !

Deux poissons se croisent :

« L'eau est drôlement froide aujourd'hui !

– Ne m'en parle pas... il fait un froid de calmar et j'ai la chair de moule. »

GARE À LA MER !

Sur la plage :

« Maëlle, viens te baigner ! appelle maman.

– Pas question, je ne veux pas fondre, moi !

– Mais qu'est-ce que tu racontes ?

– La dame, là-bas, elle est entrée dans l'eau et elle a fondu… Regarde, il ne reste plus que sa tête ! »

ÉVIDENT !

La maîtresse demande :

« Qu'est-ce que l'eau potable ? »

Toto répond :

« C'est de l'eau qu'on met dans un pot ! »

Quelle est l'étoile la plus proche de la mer ?

L'étoile de mer.

Qu'est-ce qu'il ne faut jamais faire devant un poisson-scie ?

La planche !

Pourquoi les pêcheurs ne sont-ils jamais gros ?

Parce qu'ils surveillent leur ligne.

Quelle est la différence entre le *Titanic* et un dindon ?

Aucune, tous les deux font « glouglou » !

Comment prend-on des mesures sous l'eau ?

On utilise un maître-nageur (un mètre nageur).

UN BOULOT EN OR

Deux dauphins discutent :

« Comment trouves-tu ton nouveau travail au parc aquatique ?

– C'est super ! J'ai même réussi à dompter mon gardien !

– Comment ?

– Je fais quelques pirouettes, et il me donne tout de suite du poisson ! »

QUELLE QUESTION !

Adrien revient de sa baignade dans la mer :

« Alors, l'eau était bonne ? demande Olivier.

– Comment veux-tu que je le sache, je ne l'ai pas goûtée ! »

Voici le résumé d'un célèbre conte des mille et une nuits :

Aladdin aime Jasmine, dit le génie de la lampe (A, la, daim, haie, meuh, j'as, mine, dix « le », jet, nid, deux « la », lampe).

Mais si, les extraterrestres existent. En voici d'ailleurs la preuve !

J'ai découvert deux soucoupes volantes dans mon jardin (jet, dé, cou vert, 2, sous, coupe, veau, lentes, dent, mont, jarre, daim).

Cette héroïne de conte est célèbre pour son courage
et son vêtement très voyant...

Le Petit Chaperon rouge (l'œufs, p'œufs, ti, chas, p'œufs, rond rouge).

Un jeune homme et son chien attendent un capitaine
et un savant sourd. Qui sont-ils ?

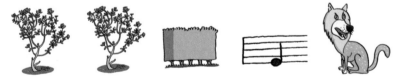

Tintin et Milou (thym, thym, haie, mi, loup).

Ce n'est pas toujours drôle de partir en vacances.
D'ailleurs, quand le voyage dure trop longtemps,
les enfants finissent par se plaindre…

La route est longue et je m'ennuie dans la voiture (la, roue, thé long, gué, jeux, m'an, nuit, dent, la, v'oie, ture).

Quelle définition pourrait-on donner à une limace ?

La limace est un escargot sans coquille (la, lime, as, haie, thym, S, cargo, sang, coq, i, yeux).

Ces deux personnages sont d'éternels ennemis…

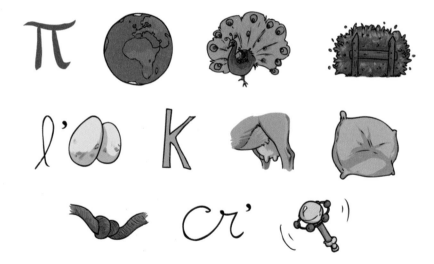

Peter Pan et le capitaine Crochet (pi, Terre, paon, haie, l'œufs, K, pis, taie, nœud, cr'hochet).

Un éléphant, ça trompe...

*Si on te dit qu'un éléphant multicolore
qui mange un yaourt « barrit au lait »,
« défense d'y voir »
une moquerie !*

Énigme

Une famille d'éléphants se promène
dans la savane. Ils arrivent à proximité d'une
rivière qu'ils décident de traverser.

Papa éléphant prend son élan et parvient sans
problème à sauter par-dessus.
Maman éléphant atterrit à son
tour de l'autre côté. Bébé
éléphant franchit
la rivière également avec
succès, puis s'exclame :
« On a bien sauté
tous les quatre ! ».

Pourquoi s'est-il trompé ?

Parce que les bébés éléphants
ne savent pas bien compter !

Même pas drôle

Un éléphant enrhumé rencontre
une girafe. La girafe se moque
de lui et l'éléphant répond :

« Ça me fait barrir du tout ! »

Sans rancune

Des éléphants et des souris se rencontrent pour
un match de rugby amical. Alors que l'équipe
des éléphants a remporté la victoire, leur capitaine
va voir l'équipe des souris :

« Désolé, on a écrasé un bon
nombre de vos joueurs.

– Ne vous inquiétez pas, nous
aussi on a joué à la dure ! »

Mignonne...

Un éléphant et une souris
marchent dans le désert.
Il fait très chaud. La souris
demande à l'éléphant :

« Cela ne t'ennuie pas si
je marche une demi-heure
dans ton ombre ? Après
on changera… »

toujours mignonne !

Un éléphant et une souris ont décidé d'aller faire
du patin à glace. Lorsqu'ils arrivent devant le lac
gelé, l'éléphant hésite à se lancer. La souris propose :

« Si tu veux, j'y vais en premier pour voir
si la glace est solide. »

Pourquoi les éléphants vont-ils à la plage
avec deux paires de raquettes ?

Pour ne pas s'enfoncer dans le sable.

Pourquoi les autruches mettent-elles
leur tête dans le sable ?

Pour parler aux éléphants qui ont oublié leurs raquettes…

Pourquoi les éléphants sont gris ?

Pour qu'on ne les confonde pas avec des groseilles.

Comment un éléphant fait-il pour se cacher
dans un champ de groseilles ?

Il se peint les ongles en rouge.

As-tu déjà vu un éléphant dans
un champ de groseilles ?

Non, parce qu'il est bien caché.

Suffit de lire

Au zoo, le maître demande à ses élèves :

« Comment fait-on pour reconnaître
que ce sont des éléphants d'Afrique ?

– C'est écrit sur le panneau ! »

Trop chère !

Un éléphant entre dans un bar et commande une grenadine. Le serveur lui apporte son verre et lui demande 20 euros. L'éléphant le paie et le garçon s'en va. Mais, très intrigué par l'animal, il revient :

« On ne voit pas souvent
des éléphants dans ce bar...

– À 20 euros la grenadine,
ce n'est pas étonnant ! »

Comment met-on un éléphant dans un congélateur en trois mouvements ?

On ouvre le congélateur, on met l'éléphant dedans et on referme la porte.

Comment met-on une girafe dans un congélateur en quatre mouvements ?

On ouvre le congélateur, on enlève l'éléphant, on met la girafe et on referme la porte du congélateur.

Comment sait-on si un éléphant est entré dans le congélateur ?

On regarde s'il a laissé des traces dans la glace.

Quel animal manquait-il dans l'arche de Noé ?

La girafe, puisqu'elle est restée dans le congélateur !

Comment un éléphant fait-il pour grimper
sur un arbre de 40 mètres ?

Il grimpe sur un arbre de 50 mètres, puis il saute de 10 mètres...

Qu'est-ce qui est grand et gros comme un éléphant,
mais plus léger qu'une mouche ?

L'ombre d'un éléphant.

Quels sont les animaux préférés des éléphants ?

Les moutons, parce qu'ils peuvent s'en servir comme Cotons-Tiges.

Comment un éléphant fait-il pour passer inaperçu ?

Il porte des lunettes de soleil.

Pourquoi les éléphants ont-ils
la peau rugueuse ?

Parce qu'il n'est pas facile de les repasser.

Pourquoi les éléphants se promènent-ils
en voiture plutôt qu'en bicyclette ?

*Parce qu'il leur manque un petit doigt
pour appuyer sur la sonnette.*

Frimeur

Deux enfants discutent sur la plage.
L'un se vante :

« Eh bien moi, je suis tellement fort que je peux
soulever un éléphant avec une seule main !

– Ah bon ! répond l'autre, très impressionné.

– Oui ! Le plus dur, c'est de trouver
un éléphant qui n'a qu'une seule
main… »

Comment fait-on entrer quatre éléphants dans une Coccinelle ?

On ouvre la porte, on met deux éléphants à l'avant et deux éléphants à l'arrière, puis on referme la porte.

Qui conduit la Coccinelle ?

L'éléphant qui a le permis !

À quoi reconnaît-on que des éléphants se trouvent dans un bar ?

À la Coccinelle qui est garée devant.

Comment fait-on pour faire entrer trois girafes dans une Coccinelle ?

On ne peut pas, il y a déjà les quatre éléphants !

Dans ce parc animalier, on admire toutes sortes
de volatiles, parmi lesquels ces très beaux spécimens :

Un calao, six piverts, deux vautours et deux autruches (Inca, la, eau, scie, pie, verre, deux veaux, tour, haie, d'œufs, z'eau, t'ruche).

L'un est petit et vaillant, l'autre est un magicien.
Leur meilleur ami est très gros et très fort !
Qui sont-ils ?

Astérix le Gaulois et Panoramix (as, Terre, X, l'œufs, goal, oie, haie, pas, n'eau, rat, mi'x).

Rébus

On sait que les diamants se trouvent dans la terre, mais sais-tu d'où proviennent les perles ?

Les perles se trouvent dans les huîtres mais je n'ai pas eu la chance d'en trouver (lait, père, l'œufs, se, trou, v'œufs, dent, lait, 8, r'œufs, mai, jeu, n'haie, pas, U, la, champ, s'œufs, dent, trou, V).

Voici un cycliste qui ne gagnera pas le Tour de France cette année… Que lui est-il arrivé ?

J'ai raté le départ de la course (jet, rat, thé, l'œufs, dé, part, deux « la », cour, s'œufs).

Ce chien est le plus bête du monde !

Rantanplan (rang, taon, plan).

Ces héros sont de jeunes et vaillants soldats,
au service de la reine Anne d'Autriche.

Les Trois Mousquetaires (lait, 3 mousses, queue, Terre).

Ce pêcheur ne se vanterait-il pas un peu ?
Il faudrait vérifier ce qu'il raconte !

J'ai pêché trois crabes et six homards, des huîtres et des moules (jet, pêche, haie, trois « cra », B, scie, eau, mare, dé, z'8, ré, dé, moule).

En famille

*Pas toujours facile de vivre avec les membres
de sa famille… Heureusement, il arrive
qu'ils nous fassent beaucoup rire…*

Géographie aménagée

Le père de Quentin vient de voir une étoile filante par la fenêtre. Il dit à son fils :

« Fais vite un vœu !

– J'aimerais que Rome devienne la capitale de la France avant que la maîtresse ne corrige le contrôle de géographie… »

Toute verte

Mattias observe sa maman s'appliquer sur le visage un masque à l'avocat. Il s'écrie :

« Maman, redeviens vite normale ! Je ne t'aime pas trop en extraterrestre ! »

Touchant

Élise dit à sa maman :

« Tu as un joli bracelet
à ton détroit.

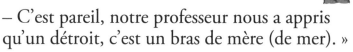

– Tu veux dire à mon bras ?

– C'est pareil, notre professeur nous a appris
qu'un détroit, c'est un bras de mère (de mer). »

Rôti malade

Dans la cuisine, Marie aperçoit sa maman
en train de piquer un rôti et glisser de l'ail
dans les trous.

Elle s'étonne :
« Mais pourquoi
tu lui mets des
suppositoires ? »

Quelle réussite !

Éva revient de l'école, très fière :

« Papa, j'ai eu 20 !

– Très bien ma chérie ! Dans quelle matière ?

– J'ai eu 5 en dictée, 3 en calcul, 4 en dessin, 5 en musique et 3 en gymnastique ! »

Drôle de jeu

Yaël revient de l'école, ses vêtements remplis de trous. Sa maman, furieuse, lui demande des explications :

« On a joué à l'épicier pendant la récréation, et moi j'étais le gruyère ! »

Météo

Un homme dit à sa femme :

« Il va faire froid ce matin.

– Tu as déjà écouté la météo ?

– Non, mais j'ai entendu les oiseaux. Ils ne chantaient pas, ils toussaient ! »

Mauvais calcul

Grand-père demande à Damien :

« Si tu avais 100 euros en poche, mais que tu voulais t'acheter un ordinateur à 1000 euros, que te manquerait-il ?

– Une fiancée riche ! »

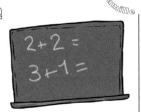

Sieste bruyante

Simon interroge son frère :

« Il paraît que je parle en dormant ?

– Ah bon, je ne t'ai jamais entendu.
Mais ce n'est pas très grave, si ?

– Si, ça dérange mes camarades de classe ! »

Miroir Miroir

Deux sœurs viennent
de casser un miroir :

« Ce n'est pas grave,
je ne crois pas aux
sept ans de malheur.

– Quand papa va rentrer,
tu vas croire au premier
quart d'heure ! »

Bon appétit

Papa demande à Sacha :

« Qu'as-tu mangé à la cantine aujourd'hui ?

– Du steak haché.

– Avec quoi ?

– Une fourchette ! »

Tarte toi-même !

Deux cousines discutent :

« Ta tarte me rappelle celles que fait ma mère.

– C'est gentil, ta mère est une très bonne cuisinière.

– Oui, mais s'il y a un plat qu'elle a toujours raté, ce sont les tartes ! »

Le bon exemple

Sophie dit à son père :

« Tiens, voilà mon carnet de notes.

– Ce n'est pas terrible, dis-moi…

– Non, mais c'est quand même mieux que ceux que j'ai retrouvés au grenier avec ton prénom dessus ! »

On cuisine

Voyant sa maman mettre du talc sur les fesses de sa petite sœur, Medhi lui dit :

« Pendant que tu mets la farine, tu veux que je casse les œufs ? »

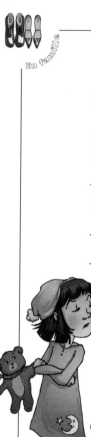

Vite oubliée !

Papa interroge Inès sur sa journée :

« Qu'as-tu appris à l'école aujourd'hui, ma chérie ?

– La politesse : "Merci papa", "Je vous en prie madame", "Oui monsieur".

– Et tu as tout bien compris ?

– Ben ouais, p'pa ! »

Réponse à tout

Margot va se coucher sans dire un mot. Mécontente, sa maman lui demande :

« On ne t'apprend pas à dire bonsoir à l'école ?

– Non, je n'y vais que la journée. »

Chantage...

Stéphane dit à sa maman :

« J'ai appris un gros mot
à l'école aujourd'hui. C'est...

– Chut ! Ne dis rien et si tu
l'oublies, je te donne un euro.

– D'accord, mais tu sais, j'en
connais un autre qui vaut
au moins cinquante euros ! »

Injustice flagrante

Théo dit à Florian :

« Papa m'a puni pour une chose que je n'ai
même pas faite !

– Ah bon, c'est quoi ?

– Mes devoirs ! »

79

On dit que ta sœur est musicienne.
De quels instruments joue-t-elle ?

Oui, ma sœur Angèle joue de la guitare et du tuba (houx, i, mât, s'heure, ange, aile, joue, d'œufs, la, gui, tas, ré, du, tube, A).

Voici un drôle de proverbe qui ne plairait sûrement pas au célèbre éléphant Dumbo !

Un éléphant, ça trompe énormément (Hun, nez, lait, faon, sa, tronc, p'haie, nord, m'haie, m'an) !

Un jour, un elfe étourdi offrit à une sorcière un sachet de bonbons noirs. Voici ce qu'elle lui répondit :

N'importe quoi ! Je préfère les bonbons rouges (nain, porte, k'oie, jeu, pré, fer, lait, bombe'on, roue, jeu).

C'est parfois difficile de bien se tenir à table et de manger proprement… surtout avec certains légumes !

Les artichauts sont difficiles à manger (lézard, ti, chaussons, dix « fi », scie, la, m'an, g).

Tu aimes le soda ? Tu préfères le jus d'orange
ou la limonade ?

*J'aime beaucoup le jus d'orange et aussi le jus de citron, même si c'est très
piquant (j'haie, meuh, b'eau, cou, l'œufs, ju, d'or, ange, haie, eau, scie, l'œufs, ju,
d'œufs, six « tron », mai, meuh, si, C, trait, pique, an).*

Cette femme et cet homme ont été deux grandes figures de l'histoire de France, à des époques différentes. De qui s'agit-il ?

Jeanne d'Arc et Napoléon (j'âne, d'arc, haie, nappe, olé, on).

Drôles de petites bêtes…

Le célèbre poète Robert Desnos nous a appris que : « Une fourmi de 18 mètres de long avec un chapeau sur la tête, ça n'existe pas… »

Mais des vers de terre qui se tiennent les côtes à cause d'un fou rire, cela existe peut-être…

Que dit une grenouille qui arrive à l'heure ?

« Chic, je suis dans l'étang (dans les temps) ! »

Quel est le comble pour un hérisson ?

C'est de se piquer au jeu.

Quel animal a le plus de dents ?

La petite souris.

Qu'est-ce qu'une chenille ?

Un ver de terre en manteau de fourrure.

Quel est le comble pour une araignée en vacances ?

C'est de ne pas aimer dormir sous sa toile.

Et quel est le comble pour une araignée qui n'est pas discrète ?

C'est de filer à l'anglaise.

Que faut-il faire la nuit pour éviter
de se faire piquer par des moustiques ?

Il faut dormir avec les quatre moustiquaires !

Attaque nocturne

Un campeur, installé près d'un étang, est content
d'avoir réussi à ne pas se faire
piquer par des moustiques
la nuit précédente. Alors que
le jour baisse, il voit arriver
des lucioles. Il s'écrie :

« Filez, sales bêtes !
Même avec votre lampe
de poche, vous ne m'aurez
toujours pas ! »

Ouille !

Une tortue vient de se faire piquer sur le nez par une abeille. Elle s'exclame :

« Zut, je vais encore devoir passer la nuit dehors ! »

Solitaire

Un serpent consulte un conseiller conjugal :

« Monsieur, aidez-moi : je n'arrive pas à me marier ! Chaque fois que je trouve une compagne, je réalise que c'est un tuyau d'arrosage ! »

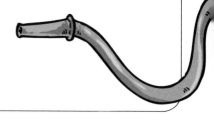

Plainte

Un escargot s'est fait escroquer par deux tortues. Il va au commissariat pour porter plainte :

« Comment ça s'est passé ? demande le policier.

– Je ne sais plus, monsieur l'agent, c'est allé si vite… »

Quelle lessive !

Un mille-pattes dit à sa femme :

« Oh là là ! Tes mains sentent vraiment très mauvais…

– C'est normal ! Cela fait un mois que je lave tes chaussettes ! »

Grossière erreur

Manon interroge sa maman :

« Un citron, ça a bien deux pattes et deux ailes ?

– Ah pas du tout ma chérie, pourquoi ?

– Oh pour rien, j'ai dû presser un poussin alors… »

Au bord de la mer

Deux mites se promènent sur un costume :

« Vous partez en vacances, cette année ?

– Oui, j'ai trouvé un petit trou au bord de la manche. »

Au boulot !

Un mille-
pattes
se lamente :

« J'aimerais tellement pouvoir faire du patin
à glace ! Mais le temps que je chausse mes
patins, l'hiver est déjà passé ! »

Poétique

Deux abeilles discutent :

« Tu vois ce papillon-là ? C'est un philosophe.

– Comment le sais-tu ?

– C'est facile, les seules fleurs sur lesquelles
il se pose sont des pensées ! »

En deuil

Un client se plaint à la direction de son hôtel :

« J'ai trouvé une puce morte dans mon lit !

– Oh, dites-moi, quelle histoire pour une simple petite puce morte !

– Le problème, c'est qu'il y avait toutes ses copines à l'enterrement ! »

Impressionnée !

Une petite fourmi rencontre une grosse fourmi. Tout épatée, elle s'écrie :

« Oh vous alors, vous êtes fourmidouble ! »

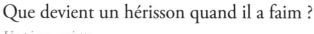

Que devient un hérisson quand il a faim ?

Un pique-assiette.

Pourquoi les souris sont-elles contentes d'être enrouées ?

Parce qu'au lieu d'être dans la gorge d'un chat c'est elles qui en ont un dans la gorge.

Quelle différence y a-t-il entre un paquet de nouilles et un ver de terre ?

Le premier a des pâtes (pattes), alors que le second n'en a pas.

Quel animal est le plus bizarre ?

Le loup-phoque (loufoque).

Que font deux mouches qui jouent au foot dans un saladier ?

Elles s'entraînent pour la coupe.

À quoi ressemble le bébé d'un ver et d'un hérisson ?

À du fil de fer barbelé.

Comment appelle-t-on un rat qui flotte ?

Un radeau (un rat d'eau).

Et comment appelle-t-on un rat qui en a assez ?

Un ras-le-bol !

Quel est le repas préféré des enfants à la cantine de l'école ?

Ils aiment beaucoup les raviolis au bœuf et à la sauce tomate (île, z'haie, meuh, b'eau, cou, lait, rat, vi, eau, lit haut, b'œufs, fée, A, lasso, s'œufs, t'eau, mât, t'œufs).

Au fond de la mer vivent de petits animaux très étranges…

On peut y voir des calamars. Ces poissons ressemblent à des mini-pieuvres (on, peu, ivoire, dé, K, la, mare, C, poids, son, r'œufs, sang, bleu, A, dé, mi, nid, pie, œuvre).

Mon maître s'appelle le marquis de Carabas.
Qui suis-je ?

Le Chat botté (l'œufs, chas, bottes, haie).

Cette princesse a attendu son prince très longtemps…

La Belle au bois dormant (la, b'aile, eau, bois, d'or, m'an).

Au petit déjeuner, les parents et les enfants ne boivent pas la même chose…

Les grands aiment le café, alors que les petits aiment le chocolat (« les » grand, haie, meuh, l'œufs, K, fée, A, l'or, queue, « les » petit, M, l'œufs, chaud, col, A).

Pour protéger leurs récoltes, les paysans ont une méthode qui décourage les oiseaux de picorer leurs grains. Quelle est-elle ?

Ils placent un épouvantail dans leur champ car il effraie les corbeaux (île, plat, s'œufs, 1, nez, pou, vent, taille, dent, l'heure, chant, car, île, f, raie, lait, cor, b'eau).

En 1969, un événement mondial a marqué l'histoire de l'humanité… As-tu trouvé de quoi il s'agit ?

Deux hommes ont marché sur la Lune. Ils étaient américains (deux os, meuh, on, marches, haie, sur, la, Lune, île, z' étai, A, mer, hic, 1).

AU RESTAURANT

Comme le dit Serge Gainsbourg
dans l'une de ses célèbres chansons :
« Qu'a Caouette ? »,
« Qu'a Cao ? »,
« Qu'a Member ? »…

CUI CUI CUI

Dans une brasserie, un client demande au serveur :

« Je voudrais un steak qui gazouille.

– Pardon, monsieur ?

– Je voudrais un steak qui gazouille !

– Mais qu'est-ce que c'est ?

– Voyons ! C'est un steak cuit, cuit, cuit ! »

ARNAQUEURS

Le cuisinier dit au serveur :

« Supprime le "Cassoulet maison" sur les menus. Je n'ai plus d'ouvre-boîte. »

SUFFISAIT DE DEMANDER...

Dans un restaurant chic, un monsieur appelle
le chef de salle :

« Je regrette, je ne peux pas manger cette soupe.

– Je vous en sers une autre assiette
immédiatement, monsieur. »

Quelques minutes plus tard, il revient avec
un nouveau plat :

« Encore une fois je regrette, mais je ne peux pas
manger cette soupe. »

Le serveur décide alors d'apporter au client
la meilleure soupe du chef :

« Je regrette, je ne peux pas
manger cette soupe !

– J'en ai assez, monsieur.
Vous êtes donc bien difficile !

– Je ne suis pas difficile,
je veux juste une cuillère ! »

Allô, les Martiens ?

Ce midi, Émile déjeune au restaurant avec ses parents :

« Je n'ai pas envie de manger les épinards qui sont dans mon assiette.

– Tu as tort, cela donne de bonnes couleurs aux joues, lui répond sa maman.

– Justement, je n'ai pas envie d'avoir les joues vertes ! »

Grippe-sou

Un monsieur très radin invite une amie à dîner :

« Connaissez-vous la différence entre le caviar et la purée de pommes de terre, ma chère ?

– Non, pas du tout.

– Parfait, dit-il au serveur, alors servez-nous deux purées ! »

PAS DE DISCRIMINATION

Un homme entre
dans un restaurant
et demande :

« Vous servez
des nouilles ?

– Mais bien sûr,
monsieur, nous
servons tout
le monde. »

ÇA FAIT PLAISIR

Un homme interpelle le serveur :

« Eh bien, jeune homme, mon andouille tarde
à venir…

– J'ignorais que monsieur attendait quelqu'un. »

L'OR, SINON RIEN !

Dans un restaurant réputé,
un client se plaint au directeur :

« Pourquoi mon homard
n'a-t-il qu'une seule pince ?

– Il a sans doute perdu la seconde
dans une bagarre avec un autre homard…

– Eh bien, enlevez-moi ce minable, et donnez-moi
le vainqueur ! »

ET QUE ÇA SAUTE !

« Je vais prendre une crêpe.
Ce sera long ?

– Oh non, monsieur, une crêpe
c'est plutôt rond ! »

TROIS EN UN

En lisant le menu du jour, un homme hésite entre le poulet, l'entrecôte et les saucisses :

« Revenez dans trois jours, lui dit la serveuse, il y aura du hachis parmentier, comme ça vous aurez les trois ! »

RENVERSANT

Dans une brasserie, un client s'impatiente :

« Alors, cette crème renversée, elle arrive ?

— Tout de suite, monsieur, on finit de la ramasser. »

COLMATAGE

Un maçon demande
à la serveuse :

« Pourriez-vous mettre dans
un sac plastique le pudding
au chocolat que je viens
de commander ?

– Pardon ?

– J'ai une fissure dans un mur,
et ce dessert y sera plus à sa
place que dans mon estomac ! »

TRI SÉLECTIF

Une femme appelle le serveur :

« Je n'aime pas ces mouches qui volent
dans votre restaurant.

– Je comprends, madame. Dites-moi celles
que vous n'appréciez pas, et je les ferai sortir ! »

PRISE AU MOT

Une cliente interpelle
le serveur :

« Ce gâteau
a une drôle d'allure !

– Qu'attendez-vous
pour rigoler ? »

CULOTTÉ !

« Monsieur, vous avez mis deux cafés sur mon
addition, alors que je n'en ai bu qu'un seul !

– Vous oubliez celui que j'ai renversé sur
vous ! »

Quelle plaisanterie est très utilisée en cuisine ?

La farce.

Quel est le plat préféré du vent ?

Le soufflé.

**Comment appelle-t-on une sauce
qui n'est jamais à l'heure ?**

Une sauce tartare (tard-tard).

Que fait un volcan quand il entre en éruption ?

Il casse la croûte.

**Quel est le point commun entre un robot
et des pâtes bolognaises ?**

Ils sont tous les deux aux tomates (automate).

**Pourquoi les Martiens
ne renversent-ils jamais leur café ?**

Parce qu'ils ont toujours des soucoupes.

Rébus

Tu connais très bien ces héros et tu pourrais
sans doute raconter leur histoire…

*Peter Pan, la fée Clochette et les garçons perdus (pie, Terre, paon, la, fée, cloche,
haie'te, haie, lait, gare, son, père, du).*

Je vole les riches pour donner aux pauvres, ce qui fait enrager le shérif de Nottingham. Qui suis-je ?

Robin des bois (robe, Hun, dé, bois).

Je passe mon temps à poursuivre de gentils petits bonshommes bleus…

Gargamel (gare, gamme, aile).

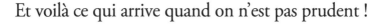

Et voilà ce qui arrive quand on n'est pas prudent !

J'ai cassé la roue de mon vélo. Je suis tombé par terre, ce qui m'a fait très mal (jet, K, selle, « A » roux, deux « mon », v'haie, l'eau, jeu, suie, tombe, haie, pas'r, Terre, c'œufs, ki, mât, fête, raie, malle).

Voici un conseil de prudence à rappeler à tes parents quand vous partez en voiture…

Il ne faut pas rouler rapidement sur la route (île, nœud, faux, pas, roue, lait, rat, pis, 2 « man » sur la, roue, t'œufs).

Le plus beau jour de l'année ? Le 24 décembre bien sûr !

À Noël, je décore le sapin et j'attends mes cadeaux (anneaux, aile, jeux, dé, cor, l'œufs, sa, pain, haie, jatte, an, m'haie, K, do).

Mais tout au long de l'année, le calendrier offre aux gourmands d'autres occasions de se régaler…

À la Chandeleur, je fais sauter des crêpes à la poêle, puis je les dévore (A, la, champ, deux « leur », jeux, fée, seau, thé, dé, craie, pas, la, poils, puits, jeux, lait, dé, v'or).

Une partie de football

*Ce sport collectif, devenu aujourd'hui universel,
ne comporte que 17 règles essentielles.
Mais pour en rigoler, nul besoin de principes…
si ce n'est celui de s'amuser !*

*Alors, prêt pour le coup
d'envoi ?*

Y a-t-il des passagers dans l'avion ?

Les joueurs de l'équipe de France de football sont dans un avion. Pour occuper le temps, ils se mettent à faire quelques passes au milieu des sièges.

Le pilote, très en colère, demande à son copilote :

« Peux-tu faire quelque chose pour les calmer ? »

Le copilote s'exécute, puis revient dans le cockpit. Le pilote n'entend plus un bruit :

« Comment as-tu fait ?

– Oh, je leur ai juste demandé d'aller jouer dehors… »

Que dit un ballon de football quand il se fait embrasser par une épingle ?

« C'est crevant ! »

Monsieur et madame Unbut ont un fils. Comment s'appelle-t-il ?

Marc (marque un but !).

Quelle est la différence entre un arbitre de foot et un déménageur ?

Aucune, leur travail consiste à sortir des cartons.

Pourquoi ne vaut-il mieux pas raconter d'histoires drôles à un ballon ?

Parce qu'il pourrait éclater de rire.

Que fait un footballeur dans un salon de coiffure ?

Une coupe.

Que dit un ballon à un autre ballon démotivé ?

« Ne te dégonfle pas, on va s'éclater au stade ! »

Pourquoi les gardiens de but n'aiment-ils pas aller au zoo ?

Parce que d'habitude, c'est eux qui sont dans la cage.

Pourquoi les joueurs de foot veulent-ils être bons en orthographe ?

Parce qu'ils n'aiment pas qu'on les siffle pour avoir fait des fautes.

Jalouse

Les garçons d'une classe de CM1 reviennent du terrain de foot, très déçus : ils se sont fait battre par les grands de l'école.

La petite sœur de l'un d'entre eux tente de minimiser la défaite, mais personne ne l'écoute.

Soudain, l'un des garçons trouve une lampe à huile sur le chemin. Il se met à la frotter, et en fait sortir un génie ! Celui-ci leur dit :

« Vous avez tous droit à un vœu ! Mais chacun à son tour ! »

Le premier garçon dit : « Moi, je voudrais être grand et fort ! »

Et en un instant, il se transforme en un bel athlète de 1 mètre 90 !

Un deuxième garçon émet le même vœu, ainsi qu'un troisième, un quatrième et ainsi de suite jusqu'au dernier du groupe.

Arrive le tour de la petite sœur, qui ne cesse de rire dans son coin… Le génie lui demande :

« Pourquoi ris-tu comme ça, petite fille ?

– Parce que mon vœu à moi, c'est qu'ils redeviennent tous comme avant ! »

Mauvais goal

Une équipe de football se prépare à disputer un championnat en Afrique.

Avant de partir, l'entraîneur emmène ses joueurs se faire vacciner. Ceux-ci se présentent les uns après les autres devant le médecin.

Quand arrive le tour du gardien de but, l'entraîneur l'arrête et lui dit :

« Non, toi ce n'est pas la peine : tu n'attrapes jamais rien ! »

Ça, c'est le comble !

Deux ballons se disputent :

« T'es gonflé !

– Et toi tu ne manques pas d'air ! »

Joueur universel

Un homme et sa femme regardent un match de foot. La femme se penche vers son mari et lui dit :

« Il doit bien jouer ce Corner, on entend toujours parler de lui ! »

Drôle de baby-foot

Chaque dimanche, les deux équipes minimes de Guingamp jouent l'une contre l'autre.

Avant le match, les joueurs se retrouvent dans un café proche du stade, où leur est réservée une salle au premier étage pour se changer.

Un dimanche, un client accoudé au comptoir voit soudain descendre de l'escalier un premier joueur habillé en bleu, puis un deuxième, puis un troisième, etc. Il voit ainsi défiler toute une équipe devant lui !

N'en croyant pas ses yeux, il commande
un café pour se réveiller.

Mais à peine a-t-il terminé de le boire qu'il
voit passer devant lui onze autres joueurs
habillés cette fois-ci en rouge.

Inquiet, le client appelle
le propriétaire du bistrot
et s'exclame :

« Patron, je ne voudrais
pas vous alarmer,
mais je crois que
votre baby-foot
a fichu le camp ! »

À quel moment de l'année voit-on des œufs
et des cloches pousser dans les jardins ?

C'est à Pâques que je déniche des lapins en chocolat (sept « a », pas, queue, jeux, dé, niche, dé, la, pain, hanche, eau, colle, A).

Quel est le mois préféré des écoliers ?

Le mois de juin, car l'école est finie et on prépare les vacances (l'œufs, m'oie, d'œufs, jus, Hun, car, lait, colle, haie, fi, nid, haie, on, pré, part, lait, vak'anse).

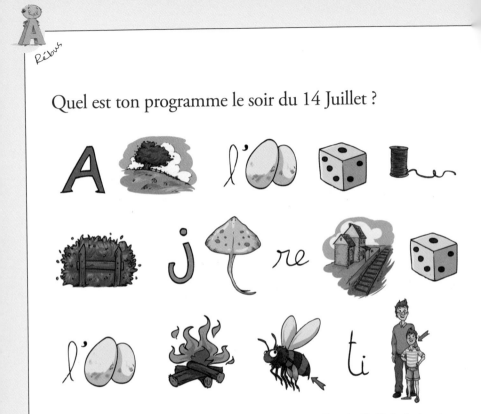

Quel est ton programme le soir du 14 Juillet ?

Après le défilé, j'irai regarder le feu d'artifice (A, pré, l'œufs, dé, fil, haie, j, raie, re, gare, dé, l'œufs, feu, dard, ti, fils).

Voici le titre d'un roman de Jules Verne
que tu devrais adorer…

Le Tour du monde en quatre-vingt jours (l'œufs, tour, du, mont, dent, K, tr'œufs, vin, joue'r).

Quelle heure est-il quand ton estomac crie famine ?

Il est midi et demie. Je vais dévorer des saucisses et des coquillettes
à la crème (île, haie, mi, di, haie, deux mi, jeu, V, dé, veau, ré, dé, seau, scie, c'œufs,
haie, dé, coq, i, haie, tas, la, craie, meuh).

Quel personnage de film chante le célèbre
« Supercalifragilisticexpialidocious » ?

Mary Poppins (mât, riz, pot, pin's).

Le personnage dont il est question ici est habillé
de blanc et est très distrait…

Pierrot est dans la lune (pierre, eau, haie, dent, la, Lune).

La ferme !

Les dindes, à l'approche de Noël,
détestaient les farces, tandis que les vaches
gloussaient à qui « meuh, meuh »...

Papa comme cochon

Aujourd'hui, Clémence est allée visiter une ferme avec sa classe. De retour à la maison, elle dit à son père, toute fière :

« Papa, j'ai vu des cochons qui parlent comme toi quand tu dors ! »

Quelle vacherie !

Un taureau gronde son petit veau :

« Sur ton carnet, il est écrit : "Peut faire meuh".

– Oui, mais ma maîtresse est drôlement vache ! »

La femme !

Sans complexe

Un cheval entre dans un restaurant et s'installe à une table.
Il appelle le serveur :

« Monsieur, je voudrais un plat de saucisses.

– Des saucisses ? Mais les chevaux ne mangent pas de saucisses !

– Ce n'est pas pour moi, c'est pour mon chien. Moi, je voudrais un steak ! »

Consolation

Une truie se penche sur son petit qui a un gros chagrin :

« Allez, fais rillettes à maman ! »

Coquet

Un bouc entre dans une parfumerie :
« Bonjour, je voudrais de l'after-chèvre. »

Oh, la vache !

La maîtresse demande à la classe :
« Que donne la poule ?
– Des œufs.
– Et le mouton ?
– De la laine.
– Et la vache ?
– Des devoirs… »

Quelle est la forme préférée des canards ?

Le cube, car il a plein de coins.

Quel animal peut s'avérer très utile en voiture ?

Le paon, parce qu'une roue de secours, ça peut toujours servir !

Que fait une vache qui ferme les yeux ?

Du lait concentré.

Que font les chèvres quand elles s'ennuient ?

Elles bouquinent.

Quel animal fait les melons ?

La vache, car elle fait les meeeeeuuuuuuh longs !

Régime drastique

Deux vaches parlent d'une amie commune, qui est très maigre :

« C'est parce qu'elle est superstitieuse, elle ne mange que des trèfles à quatre feuilles ! »

Sauvés... par la nature

Un papy se promène avec son petit-fils :

« Regarde, mon petit, comme la nature est belle et bien faite. »

Soudain, un oiseau laisse tomber une crotte sur la tête du grand-père :

« Ha ! Ha ! Tu trouves toujours que la nature est bien faite, papy ?

– Bien sûr, elle aurait pu donner des ailes aux vaches ! »

La femme !

Prudent

Une poule demande
à un canard :

« Je t'offre un ver ?

– Non merci, je conduis ! »

Pi ou pis ?

Un professeur de sciences naturelles interroge
ses élèves :

« À votre avis, combien pèse un pis
de vache ? »

Toto répond :

« 3,14 kg, monsieur ! »

Quelle est la voiture préférée de la chèvre ?

Le cabriolet, car la chèvre nourrit son cabri au lait.

Que dit un canard à une jolie cane ?

« T'as de beaux œufs, tu sais ! »

Qu'est-ce qu'un mouton sans queue ni tête ?

Un nuage !

Pourquoi les poules n'aiment-elles pas les tremblements de terre ?

Parce qu'elles n'ont pas envie de pondre des œufs brouillés.

Donna a mis un bœuf dans un champ. Combien y a-t-il de pattes et de queues ?

Une queue et six pattes (les deux de Donna et les quatre du bœuf !).

Vilain p'tit canard !

Une cane voit revenir son caneton plein de boue :

« Si ton père te voyait comme ça, il se retournerait dans sa sauce ! »

Déjà atteinte...

Deux vaches discutent dans un pré :

« Tu as déjà entendu parler de la maladie de la vache folle, toi ?

– Oh tu sais, moi je m'en moque, je suis une taupe… »

Quelle est la poule la plus douée :
la noire ou la blanche ?

La poule noire, car elle peut pondre des œufs blancs, alors que la poule blanche est incapable de pondre des œufs noirs !

Et toc !

Une vache dit à un cochon :

« C'est très sale chez toi, une vraie porcherie !

– Oui, mais moi au moins, quand je me lave, je n'ai plus de taches ! »

As-tu appris cette célèbre fable de La Fontaine ?

La Cigale et la Fourmi (la, six « gale », haie, la, four, mi).

En voici une autre tout aussi célèbre. Sauras-tu la réciter ?

Le Corbeau et le Renard (l'œufs, cor, b'eau, haie, l'œufs, r'œufs, n'art).

Sais-tu comment ses copains décrivent Toto,
le cancre de la classe ?

Il est malin comme un singe et paresseux comme un loir (île, haie, malle, Hun, ko, main, saint, jeu, haie, part, S, œufs, ko, main, l'oie'r).

Voici un bon conseil pour ton prochain pique-nique…

Le saucisson se découpe en rondelles puis se mange avec du pain (l'œufs, seau, scie, son, s'œufs, dé, cou, paon, ronde, aile, puits, s'œufs, m'ange avec du pain).

Quelle phrase entend-on le matin, quand toute
la famille se prépare pour partir travailler ?

*Où est passé mon pantalon et où sont mes chaussettes (houx, haie, pas, C, mont,
paon, talon, haie, houx, son, mèche, eau, set) ?*

Le directeur de l'école le dit toujours !

Si la maîtresse n'est pas là, les élèves chahutent (scie, lame, haie, tresse, n'haie, pas, la, lait, zé, lait, v'œufs, chat, hutte).

Que disent les marins à la fin d'un tour du monde
à la voile ?

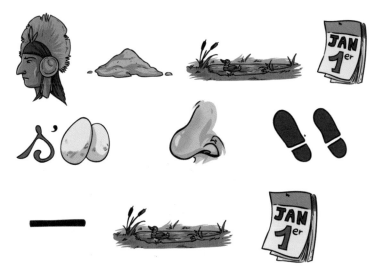

Un catamaran, ce n'est pas très marrant (Inca, tas, mare, an, s'œufs, nez, pas,
trait, mare, an).

ALLÔ, DOCTEUR ?

*Attention ! Les blagues qui suivent sont déconseillées
à tous ceux qui craignent de s'étouffer
avec un fou rire ou d'être contagieux !*

Mise en quarantaine

À l'hôpital, un médecin annonce
à l'un de ses patients :

« Monsieur, vous avez attrapé une maladie
très contagieuse. Je vais donc devoir
vous mettre au régime :
à partir de maintenant, c'est pizzas
et crêpes à chaque repas !

– Et ça va m'aider à guérir ?

– Non, mais
ce sont les seuls
plats que
le personnel
pourra glisser
sous votre
porte ! »

Pris à son propre jeu

Un homme très radin tombe malade.
Il demande à un ami le nom d'un médecin
et le prix de sa consultation :

« C'est 100 euros. Mais dès la deuxième visite,
il ne fait payer plus que 50 euros. »

Ravi de cette information, l'homme se rend
donc chez ce médecin :

« Bonjour docteur, c'est encore
moi ! », annonce-t-il d'un air
familier. Et il tend
un billet de 50 euros.

Le docteur lui répond :

« Rien de nouveau, cher
monsieur. Poursuivez
le traitement que je vous ai prescrit la dernière fois. »

Tricheuse !

Une femme se présente avec son
fils chez l'ophtalmologiste :

« Pour qui est la consultation :
vous ou votre enfant ? demande le médecin.

– C'est pour moi, répond la maman, mais
j'ai demandé à Éric de m'accompagner
pour les lettres. Je ne sais pas lire ! »

Agent pressé

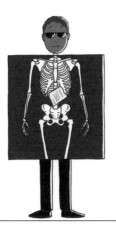

Un agent secret va consulter un
docteur pour des maux d'estomac.
Après lui avoir fait passer une radio,
le médecin lui dit :

« La prochaine fois que vous avalez
un document, pensez à retirer
les agrafes avant… »

Comment ?

« Docteur, c'est affreux, je perds la mémoire…
– Depuis quand ?
– Depuis quand quoi ? »

Bigleux

« Docteur, je vois tout
en double !
– Asseyez-vous sur ce tabouret.
– Lequel ? »

Prévoyant !

« Docteur, je perds la mémoire… Que dois-je faire ?
– Me payer d'avance ! »

Rencontre accidentelle

Un camionneur se réveille
à l'hôpital et regarde sa voisine
de chambre avec surprise :

« Il me semble, madame, vous avoir déjà
rencontrée quelque part…

– Tout à fait ! C'est même pour cette raison que
nous sommes ici ensemble ! »

En musique !

« Demain, on a une visite musicale, maman !

– Tu veux dire une visite "médicale" ?

– Non, "musicale".
La maîtresse a dit
qu'il y aurait une radio. »

Docteur ?

impitoyable...

Un patient inquiet va voir son médecin :

« Docteur, j'ai un quotient intellectuel de 12, alors que la plupart des gens en ont un de 100. Pourquoi ?

– Ne vous inquiétez pas, c'est tout à fait normal que vous ne compreniez pas… »

Traitement raté

« Alors, ce traitement de vitamines contre la faiblesse, ça vous fait du bien ?

– En fait, heu… je ne sais pas, je n'ai pas réussi à ouvrir le tube ! »

Quel est le comble d'une personne obsédée par son poids ?

C'est de ne pas lire les lettres en caractères gras dans un journal !

Premier degré

Mattéo demande
à sa maman si elle peut
l'emmener chez le médecin :

« Pourquoi ? Tu te sens
malade ?

– Non, mais la maîtresse
m'a dit de soigner
mon écriture ! »

Docteur ?

Sans pincettes

Un homme se réveille à l'hôpital après un terrible accident :

« Docteur, c'est horrible, je ne sens plus mes jambes !

– C'est normal, monsieur, je vous ai amputé les deux bras ! »

Faux précoce

Un journaliste interviewe un chirurgien célèbre :

« À quel âge avez-vous effectué votre première opération ?

– À 5 ans… c'était une addition ! »

Comment s'appelle un homme qui va soigner les animaux en vélo ?

Un VTT-rinaire.

Pas bête !

Inquiète, une femme se rend chez son généraliste :

« Docteur, c'est bizarre. Chaque fois que je bois un café, je ressens une douleur à l'œil droit.

– Vous êtes droitière ?

– Oui.

– Ce n'est rien, mais la prochaine fois, pensez à retirer la cuillère de votre tasse avant de boire ! »

Ces trois amis ont recueilli un petit garçon perdu dans la jungle…

Bagheera, Baloo et Kaa (bague, haie, rat, balle, houx, haie, K, A).

Voici une phrase que tous les cuisiniers aimeraient entendre…

Ton dîner est très appétissant (thon, 10, nez, haie, 13, A, P'haie, ti, sang).

Connais-tu ce proverbe qui signifie que, dans le noir, on ne mesure pas les dangers ?

La nuit tous les chats sont gris (l'âne, huit « tou », lait, chas, son, gris).

Parmi ces quatre races de chien, laquelle préfères-tu ?

Labrador, teckel à poil ras, cocker et caniche (la, bras, d'or, thé, k'aile, A, poêle, rat, coq, R, haie, K, niche).

Connais-tu cette chanson que les élèves chantent souvent dans les cars pendant les sorties scolaires ?

Elle descend de la montagne à cheval et elle embrasse sa grand-mère en descendant (aile, dé, 100, deux la, mont, tas, gn'œufs, hache, vallée, aile, an, bras, s'œufs, sa, grand « mère », an, dé, sang, dent)...

Que réponds-tu si on te demande quels sont tes jeux préférés ?

J'aime jouer aux cartes et au mikado (jet, meuh, joue, haie, eau, quart, t'œufs, haie, haut, mie, K, do).

Pourquoi ce petit garçon est-il si content ?

Ma tante Éléonore m'a offert un cadeau d'anniversaire (mât, tente, aile, haie, eau, nord, mât, eau, fer, Inca, dos d'âne, i, ver, serres).

Comme chien et chat

Connais-tu le chat-thon,
le seul chat qui nage comme un poisson ?
Et le chat-pitre,
celui qui fait sans cesse le clown ?
Veux-tu danser le cha-cha-cha
avec Minou
ou le fox-trot avec Milou ?

Mauvais dressage

Un homme rentre chez lui. Son gros chien lui saute dessus et le traîne jusqu'à la penderie :

« Ce n'est pas possible ! Tous les soirs, c'est la même chose. Je lui demande de m'apporter mes chaussons, pas l'inverse ! »

Coquin !

Deux chats discutent : « Moi, j'ai une technique pour draguer les chattes qui marche à tous les coups.

– Ah bon, laquelle ?

– Je leur pose des devinettes très difficiles et comme ça elles sont obligées de me donner leur langue… »

Tête en l'air

Un boucher voit un chien arriver, un porte-monnaie dans la gueule :

« Alors mon chien, que veux-tu ? Des saucisses ?

– Ouaf !

– Tu m'as l'air doué, toi ! »

Le boucher prépare la commande et rend la monnaie à l'animal. Le chien prend le tout et s'en va. Intrigué, le boucher décide de suivre le chien pour connaître son maître.

Le chien rentre dans un immeuble et frappe deux coups de patte à une porte. Un homme ouvre et se met à gronder le chien. Le boucher intervient :

« Ne grondez pas un chien aussi intelligent !

– Lui, intelligent ? Cela fait deux fois qu'il oublie ses clés cette semaine ! »

Quel chien n'a jamais froid ?

Le chow-chow.

Quel chien prend de la place ?

Le montagne des Pyrénées.

Quel chien n'est pas vieux sur notre planète ?

Le terre-neuve.

Quel chien reste toujours près de son maître ?

Le colley (collé).

Pourquoi dit-on que le chat aboie ?

Parce que, quand on lui donne une tasse de lait, il la boit.

Pourquoi les chiens n'aiment-ils pas rester au soleil ?

Parce qu'ils ne veulent pas se transformer en hot dog.

Fidèle à son maître

La maîtresse est un peu sceptique :

« Alors Tom, tu me dis que ton chien
a mangé ton devoir ?

– Oui, madame.

– Et où est ton chien ?

– Chez le vétérinaire.
Il est comme moi,
il ne digère pas la physique ! »

Bien dressé

Deux amis discutent :

« Tous les matins, mon chien m'apporte le journal.

– Et alors ? Le mien aussi !

– Oui, mais moi je ne suis même
pas abonné ! »

Respectueux

Une petite fille joue avec un gros chien, quand celui-ci lui lèche la figure.

Ses parents lui demandent :

« Il t'a mordue, chérie ?

– Non, il m'a seulement goûtée ! »

Miam !

Chez le coiffeur, un homme se fait raser le crâne :

« Pourquoi votre chien me regarde-t-il avec ces yeux-là ? demande le client.

– De temps en temps, une oreille tombe, et il adore ça ! »

Gros chagrin

Un petit chat est tout triste.
Sa maman lui demande :

« Mais, tu n'es pas parti à la chasse
aux insectes avec tes cousins ?

– Si, mais eux ils ont attrapé plein
de mouches et moi juste le cafard… »

Pause-pipi

Une femme va chez un horloger
et pose son chien sur le comptoir :

« Je peux vous aider, madame ?

– Oui, je vous amène mon chien, que je viens
d'acheter. Je ne sais pas ce qu'il a, mais
il s'arrête toutes les deux minutes ! »

La revanche

Un chat vient d'attraper un pigeon
et en est tout fier. Un de ses amis
le surprend en train de s'asseoir dessus :

« Mais qu'est-ce que tu fais ?

– Chacun son tour ! Cette fois-ci,
c'est à moi de lui crotter dessus ! »

Sacrée bestiole !

Un chien discute avec un autre chien :

« Hier, je suis allé au cirque et j'ai ramené
la vedette du spectacle chez moi.

– Formidable,
tu as de la chance !

– Tu parles, c'était un
numéro de puce savante… »

Combien de temps vivent les souris ?

Ça dépend des chats !

Quels gâteaux effraient les souris ?

Les langues-de-chat.

Quelle est la ville préférée des chiens méchants ?

Morlaix (mords-les !).

Mon chien n'a pas de nez. Comment sent-il ?

Mauvais !

Doit-on avoir peur des chats noirs ?

Oui, si vous êtes une souris !

Comment appelle-t-on un chat qui aime les modes dépassées ?

Un chat de gouttière (goût hier).

Quel est le vêtement préféré des chats ?

Le pull angora.

Que doivent faire les chats pour rentrer dans les clubs chics ?

Montrer patte de velours.

Pourquoi les chattes n'aiment-elles pas passer leurs vacances à la montagne ?

Parce qu'elles ont horreur des chalets (chats laids).

Quel est l'arbre le moins apprécié des chats ?

Le châtaignier, parce qu'ils n'aiment pas les châtaignes (chats teignes).

Tes grands-parents ont-ils un signe distinctif ?

Mon papy Marcel porte des lunettes et ma mamie Lorraine aussi (mont, pas, pie, mare, sel, porte, dé, Lune, haie, t'œufs, M, A, mât, mie, l'or, haie'ne, eau, scie).

Voici le début d'un conte que tu dois sûrement très bien connaître...

Il était une fois, une belle jeune fille qui se prénommait Blanche-Neige (île, ét'haie, U, nœud, f'oie, U, nœud, bêêê, le, jeux, nœud, fi, yeux, ki, s'œufs, pré, n'eau, mai, bl'an, che, neige).

Quels sont les prénoms de tes cousins ?

Caroline a un jumeau, il s'appelle Martin (carreaux, lit, nœud, A, Hun, jus, m'eau, île, sa, pelle, mare, thym).

Théo a une nombreuse famille, alors que Léopold est fils unique. Il est un peu jaloux de son copain…

Moi aussi j'aimerais avoir beaucoup de frères et sœurs (m'oie, eau, scie, jet, meuh, raie, A, voir, b'eau, cou, d'œufs, f'raie, ré, s'œufs're).

Cet animal, cousin du chien, vit dans un pays lointain.

Loup de Tasmanie (loup, deux tasses, mât, nid).

On ne doit jamais prononcer le nom de mon ennemi.
Qui suis-je ?

Harry Potter (A, riz, pot, Terre).

Connais-tu ce fameux chant de Noël ?
Si c'est le cas, complète ces paroles...

Mon beau sapin, roi des forêts, que j'aime ta verdure (mont, bosse, A, pain, roi, dé, faux, raie, queue, j'haie, meuh, tas, vert, dur, œufs).

Vive le sport !

Si la devise des jeux Olympiques est
« Plus vite, plus haut, plus fort ! »,

celle des blagues sportives
serait plutôt :
« Plus drôle,
plus décalé, plus farfelu ! »…

Pour te mettre en jambe, en voici déjà une :
sais-tu pourquoi les sportifs veulent rester
dans leur lit ? Parce qu'ils croient que
c'est là que la médaille dort !

La chute

Deux alpinistes se promènent en montagne.
Alors qu'ils se préparent à traverser un dangereux
précipice, le premier raconte :

« La dernière fois que je suis passé ici,
mon guide est tombé dans le précipice.

– Quelle horreur ! s'exclame l'autre.
Et qu'as-tu fait ?

– Rien, il était vieux et il lui manquait
beaucoup de pages… »

Pas inquiet !

Un coiffeur regarde le crâne de son client :

« Vous êtes déjà venu chez nous ?

– Non ! La cicatrice, c'est un accident
de vélo. »

L'impossible sommeil

Un conducteur qui vient de voyager toute la nuit décide de s'arrêter sur un parking pour dormir quelques heures. Il ignore que le parking est un lieu de passage pour de nombreux joggeurs de la région.

Vers sept heures du matin, il est réveillé par un « toc, toc, toc » à la fenêtre de sa voiture. Le voyageur ouvre péniblement les yeux, baisse la vitre et dit :

« Qu'est-ce qu'il y a ?

– Vous avez l'heure, monsieur ? demande un joggeur.

– Il est 7 h 15. »

Le joggeur le remercie et repart. Le voyageur se rendort.

Peu de temps après, il est à nouveau tiré
du sommeil par des coups sur la vitre :

« Pardon, monsieur, avez-vous l'heure ?

– 7 h 30 ! »

Comprenant qu'il risque d'être à nouveau dérangé,
le voyageur prend un bout de papier et écrit dessus :
« Je ne sais pas quelle heure il est ! »
Puis il le colle bien en évidence
sur la vitre et se rendort.

Quelques minutes plus tard,
un joggeur tape au carreau :

« Monsieur,
il est 7 h 45 ! »

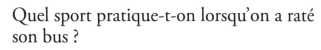

Quel sport pratique-t-on lorsqu'on a raté son bus ?

Le karaté (car raté).

Quels sont les coups auxquels même un boxeur ne résiste pas ?

Les coups de soleil.

Quel est le comble pour un rugbyman ?

C'est d'avoir les cheveux emmêlés (en mêlée).

Quel est le conte préféré des pilotes d'hélicoptère ?

« Hélice au pays des merveilles ».

Pourquoi les Chinois veulent-ils participer au Tour de France ?

Pour gagner le Mao jaune (maillot jaune).

Apprentissage douloureux

Côme vient de recevoir un vélo pour
son anniversaire. Sous le regard attendri
de ses parents, il l'essaie autour
de la maison.

À l'issue du premier tour, il passe
devant eux et dit fièrement :

« Papa, maman, regardez…
sans les mains ! » Et ses parents
l'applaudissent.

Après le deuxième tour, il crie
joyeusement :

« Sans les pieds ! » Et ses parents
l'applaudissent de plus belle.

Le garçon réapparaît devant la maison,
les genoux écorchés et le visage couvert
d'égratignures : « Fans les dents ! »

Paresseux !

David se fait attraper
par son professeur
de sport :

« Mais enfin,
pourquoi n'as-tu pas
arrêté la balle ?

– C'est à ça que sert le filet, non ? »

Un, deux …

Deux sportifs discutent :

« Combien de temps mets-tu pour aller
jusqu'à l'arrêt de bus en marchant ?

– Je ne sais pas, j'y vais toujours
en courant ! »

Défaite

Un homme s'apprête à disputer un match de boxe. Juste avant la rencontre, on lui demande ses impressions : « Je suis O.K. »

Après le match, on lui repose la même question :

« Je suis K.-O. »

Rien compris !

Une maman demande à son fils :

« Alors, il t'a plu ce ballet ?

– C'était pas mal. Mais ils auraient pu choisir des danseuses plus grandes : elles étaient toujours sur la pointe des pieds ! »

Quel est le sport le plus fruité ?

La boxe, car quand tu prends une pêche en pleine poire, tu tombes dans les pommes et tu ne peux plus ramener ta fraise !

Quelle est la différence entre le tennis et le ping-pong ?

C'est la même chose, sauf qu'au tennis les joueurs sont debout sur la table.

Quelle est la boisson préférée des judokas ?

Le jus d'eau.

Quel est le point commun entre un magasin, le soleil et un vélo ?

Ils ont tous des rayons.

Monsieur et madame Don D'vello ont un fils. Comment s'appelle-t-il ?

Guy (guidon de vélo).

À côté des manettes !

Un pilote veut atterrir sur la piste.
La tour de contrôle lui demande :

« Donnez-nous votre position et votre hauteur.

– Je suis assis et je mesure
1 mètre 80 ! »

Aaaaaaaaaaah... Boum !

Un instructeur explique
à ses élèves les principes
de base du parachutisme :

« Tant que vous voyez les vaches comme des
fourmis, tout va bien. Quand vous commencez
à voir les vaches comme des vaches, il est temps
d'ouvrir votre parachute. Et quand vous voyez
les fourmis comme des vaches... il est trop tard ! »

Imprimé en Espagne par Graficas Estella (Estella)
Dépôt légal : avril 2012
308769-01/11017775 - mars 2012